Wenn im Theater Recken schrei'n,
dann geh ich nur mit Schrecken rein.

Ein kleiner Opernführer in Schüttelreimen

SCHÜTTELREIME HEUTE

Herausgegeben von Sita Steen

Band 1

Sita Steen

Schüttelrosen welken nicht

Band 2

Heinrich Steinberg

Faust – geschüttelt

Band 3

Sita Steen (Hg.)

Neue Schüttelgedichte der Meistergilde

Band 4

Kurt Honolka

Wenn im Theater Recken schrei'n,

dann geh ich nur mit Schrecken rein

Ein kleiner Opernführer in Schüttelreimen

bebildert von Eckart Munz

KURT HONOLKA

Wenn im Theater Recken schrei'n, dann geh ich nur mit Schrecken rein

Ein kleiner Opernführer in Schüttelreimen
bebildert von Eckart Munz

1985

VERLAG AUGUST LAX HILDESHEIM

CIP-Kurztitelaufnahme der Deutschen Bibliothek

Honolka, Kurt:
Wenn im Theater Recken schrei'n, dann geh ich nur mit Schrecken rein: e. kleiner Opernführer in Schüttelreimen / Kurt Honolka.
Bebildert von Eckart Munz. – Hildesheim: Lax, 1985
(Schüttelreime heute; Bd. 4)
ISBN 3-7848-8253-6

NE: GT

Satz: Filmsatzgesellschaft Hildesheim mbH Hildesheim
Druck: Buchdruckerei August Lax Hildesheim

Vorwort

,,Vom Erhabenen zum Lächerlichen führt nur ein Schritt'' — in keiner Kunstgattung wird das so augen- und ohrenfällig deutlich wie in der Oper. In der Welt des musikalischen Dramas agieren Götter, Helden, Unholde und exaltierte Menschen mit meist übertrieben leidenschaftlichen Gebärden, in der musikalischen Komödie geht es kaum normaler zu.

Die Unnatur jeder musikalischen Darstellung auf der Bühne, die Diskrepanz zwischen gewohntem menschlichen Verhalten und den Darbietungen jenseits der Rampe kann einerseits den Zuhörer in andere, höhere Sphären entrücken — andererseits verführt sie leicht dazu, dies ganze ,,zauberhafte Wesen'' und seine künstliche Welt zu ,,entlarven'', vielleicht sogar durch Spott aus ihrem Bann sich zu befreien. Jedenfalls wurde die Oper von jeher in Worten, Tönen und Karikaturen verhöhnt, parodiert und verächtlich gemacht.

Die wahren Schwächen der Oper liegen — unabhängig von der Aufführung — meist schon in ihren Stoffen, den unglaubhaften Handlungsabläufen und unzureichenden Textfassungen begründet; sie werden aber nur von denen erkannt, welche die Oper wirklich kennen und lieben — und deshalb wohl auch am meisten unter ihnen leiden. Laien amüsieren sich eher über mißlungene Äußerlichkeiten der Aufführung (die ja schon vielen Uraufführungen von Meisterwerken zunächst zu Durchfällen verholfen haben), zum Beispiel über eine von Gesundheit und Fülle strotzende Mimi oder Violetta.

Selbst noch den opernfernen kleinen Mann von der Straße belustigen verballhornte Titelfiguren wie der ,,Schreifritz'', der ,,Rigelotto'' oder der ,,Liegende Flohhändler''; auch kennt er die Aufforderung ,,Jazze, Balacho!'' Schon an diesen Proben zeigt sich, daß sich Lautvertauschungen gut eignen, wenn man sich über Opern lustig machen will.

Folgerichtig erscheint der Schüttelreim — als die ,,kunstvollste Reimform'' — besonders geeignet, die Oper — als die ,,unnatürlichste Kunstform'' — zu persiflieren.

Und so gab es denn schon oft mehr oder weniger gelungene Versuche in dieser Richtung (Manfred Hanke erwähnt eine Tannhäuser-Parodie von Franz Mittler, die beinahe eine Aufführung ,,geschmissen'' haben soll! in DIE SCHÜTTELREIMER, S. 66, Stuttgart 1968).

Noch nie aber legte ein Schüttelreimer einen ganzen Opernführer in dieser Form vor, noch dazu einer, der vorher schon einen der umfassendsten seriösen Opernführer geschrieben hatte (DER GROSSE READER'S DIGEST OPERNFÜHRER, 1968).

Zwar stellt er mit selbstironischem Bedauern fest: ,,Des Verfassers ehrgeizig geplantes Lebenswerk, ein Opernführer in Schüttelreimen, blieb Torso'' (in 3000 MAL MUSIK, S. 217, Stuttgart/Aalen, 1977) — genau besehen jedoch zeigt sich auch hier in der Beschränkung erst der Meister. Allzu große Vollständigkeit und Ausführlichkeit würden ganz sicher die Wirkung beeinträchtigen, die hier durch die Auswahl von 42 Musikwerken und die knappe, zündende Sechszeiligkeit erreicht wird.

Sita Steen

Wolfgang Amadeus Mozart

Figaros Hochzeit

Er will mit Schlauheit um Susannen ringen,
ein keckes Liedchen dem Tyrannen singen,
wenn der Herr Graf die Hochzeit stören will —
Figaro tobt, nur Knechte wären still.
Er braucht sich auch nicht ganz allein zu regen:
die Gräfin hilft, den Grafen reinzulegen.

WOLFGANG AMADEUS MOZART

Don Giovanni

Giovanni, dieser wüste Edelmann,
zieht magisch alle Fraun und Mädel an.
Nicht Zartsinn ist's, was ihn zur Liebe drängt:
nur Frevlerwollust seine Triebe lenkt.
Was nützt am End' Rekordsex, Hurentand?
Zur Hölle zieht ihn des Komturen Hand.

Wolfgang Amadeus Mozart

Die Zauberflöte

Tamino muß in seinen Jugendtagen
nach Weisheit schon und hoher Tugend jagen.
Sein lustger Freund macht sich das Streben leichter:
Erhabenes aus seinem Leben streicht er.
Sarastros Reich krönt der Es-Dur-Akkord.
Tamino kriegt als Prinz Prokura dort.

LUDWIG VAN BEETHOVEN

Fidelio

Mag Leid ihr Antlitz immer stärker kerben,
ihr Florestan soll nicht im Kerker sterben!
Sie schleicht als Bursch an seine Ketten ran —
ob sie den Liebsten wohl noch retten kann?
Revolver hoch — Pizarros Degen sank.
Der Schlußchor jubelt Glück und Segen, Dank.

Carl Maria von Weber

Der Freischütz

Max, dessen Hand beim Schuß nervöse bebt,
sucht Kasparn auf, um den das Böse webt.
Wer Kugeln in der Wolfsschlucht Schlünden sucht,
der sinkt nur tiefer in der Sünden Schlucht.
Durch Reue konnte er sein Irren wenden,
Agathes Liebe alle Wirren enden.

Wilhelm Tell

Das Land stöhnt unterm Vogt, dem Machtbesitzer, schwer,
das ärgert Tell, den wackren Schwyzer, sehr.
Sein Rachepfeil durch Gesslers Weste fährt,
den Schweizern ist das Jubelfeste wert.
Mag sichs um Hehres mehr bei Schiller drehn,
ich finde auch Rossinis Triller schön.

(. . . oder auch so:)

Tell schießt, trotz starken Gegenwindes, keck
den Apfel von dem Haupt des Kindes weg.
Des Vogts Befehl läßt's Volk in Stürmen tosen,
verhaßte Fahnen von den Türmen stoßen.
Und alle schwören, die zum Rütli gingen,
daß sie für Freiheit — und für ihre Gütli ringen.

Gaetano Donizetti

Lucia di Lammermoor

Zwei lieben sich, die sich nicht kriegen sollen.
Lucias Liebe darf nicht siegen. Grollen
und Haß der Clans führt bis zum Irrenwahn.
Was gehn uns heute Schottlands Wirren an?
Jedoch die Wahnsinnsszene! Wenn brillant gesungen,
erscheint der ganze Oldie imposant gelungen.

Ambroise Thomas

Hamlet

Prinz Hamlet, der dem Vater Rache schwor,
schwankt zögernd wie im Wind das schwache Rohr.
Sein oder Nichtsein — wüßte man nur was:
wann Schneidigkeit am Platz und wann nur Maß.
So setzte Grübelei den Helden matt.
Das ist's, was Shakespeare uns zu melden hat.

RICHARD WAGNER

Der fliegende Holländer

Stets holt das Meer den Geisterseemann ein,
er will doch nur ein braver Ehmann sein!
Sein Traum: ein Haus am Hafen, heile Welt,
ob Sentas Treue wohl 'ne Weile hält?
Er zweifelt, flieht. Sie fühlt des Opfers reine Lust
und springt ins Meer: ,,Damit du nicht alleine ruhst!''

RICHARD WAGNER

Tannhäuser

Wie stark auch Venus seine Triebe lenkt, —
umsonst, da's ihn nach reiner Liebe drängt.
Nun könnt' sein Sang zum klaren Bronnen weisen —
was muß er da der Wollust Wonnen preisen?
Er büßt und sinkt erlöst ins stumme Grab.
Denn plötzlich grünt beim Papst der krumme Stab.

RICHARD WAGNER

Lohengrin

Wer kommt die Schelde da hinangeschwommen?
Ein Ritter ist's, hat einen Schwan genommen.
In einem Punkte ist der Schwimmer eigen:
,,Nie mich befragen, Elsa, immer schweigen!''
Sie fragt — geknickt sieht man die Schwächste nah'n,
da bleibt nur eins: Wann geht der nächste Schwan?

RICHARD WAGNER

Tristan und Isolde

Sie sangen, küßten heiß in tiefer Nacht,
und König Marke schöpfte nie Verdacht.
Der schwarzen Flagge, die Gott Eros hißt,
folgt stolz und willig, wer ein Heros ist.
Da nützt kein Freundeswerben. Still
verlöscht Isold, die gleichfalls sterben will.

RICHARD WAGNER

Die Meistersinger von Nürnberg

„Mein Kind, ich geb nur einem Meistersinger dich!"
sprach Meister Pogner — das beding er sich.
Als Freier müht sich artig Herr Beckmesser,
doch Sachs versteht das Meister-Heck-Meck besser.
Er mischt beim Sieger, Stolzing heißt er, mit.
Sein Preislied wird ein wahrer Meister-Hit.

Richard Wagner

Das Rheingold

Wie schade, daß nur kurze Weile hält
das Rheingold, Sinnbild für die heile Welt.
Draus schmiedet man den Nibelungen-Reif.
(Man sieht, wie Wotan ihn errungen, live.)
Noch läßt er sich vom Walhallwahne blenden.
Bald wird sich's bös im Weltenplane wenden!

Richard Wagner

Die Walküre

Inzest ist faul, mußt' sich Sieglinde sagen,
als die Geschwister heiß in Sünde lagen.
„Hilf ja nicht Siegmund!" Wotan grimmig hinbrüllt.
Es half ihm dennoch die Walküre Brünnhild.
Er straft mit Schlaf sie, aber milde: Weit
entrückt ein Feuerkranz die wilde Maid.

RICHARD WAGNER

Siegfried

Ein Held sollt' um humane Werte schwätzen?
Er will vielmehr an seinem Schwerte wetzen.
Wie böses Gift auch Fafners Rachen trägt,
Siegfried macht kalt, was sich am Drachen regt.
Wälsungenblut dann seine Triebe lenkt
zu Tante Brünnhild, die auf Liebe drängt.

RICHARD WAGNER

Götterdämmerung

Verrat'ne Liebe wird zum wilden Haß —
doch nützt denn Siegfrieds Tod Brünnhilden was?
Sie tobt, im Herzen eine Tonne Wut:
„Töt' ihn!" — was Hagen voller Wonne tut.
Weltuntergang! Doch aus den Wellen hebt
sich Rheingold wieder, das im Hellen webt.

Richard Wagner

Parsifal

Ob ihm wohl vor der heilgen Schale graut,
weil er so tumb und stumm zum Grale schaut?
Nun muß sein Leben sich in Irren wenden,
Karfreitagszauber erst die Wirren enden.
Ihn krönt, nach langen Jahren wahrer Bürde,
Gralskönigstum mit wunderbarer Würde.

Guiseppe Verdi

Rigoletto

Der Herzog, der im Sex als Wilder gilt,
ist plötzlich auf die schöne Gilda wild.
Er raubt sie. Das ist keine reine Sache.
Und jetzt will Rigoletto seine Rache.
Er kauft den Mörder, er, den man für schlapp geachtet.
Im Sack kriegt er die Tochter, abgeschlachtet.

GUISEPPE VERDI

Der Troubadour

Der Troubadour entführt des Grafen Braut.
Der rächt sich, daß es jedem Braven graut.
Entsetzlich ist des Trovatore Not:
die Mutter spinnt, und Leonore tot!
Ein Opernquatsch? Dich störn zu sehr die Worte?
Dann lausch den Arien — beste Verdi-Sorte!

Guiseppe Verdi

La Traviata

Schon, wenn sie ihre große Stretta landet,
ahnt man, wie traurig Violetta strandet.
Die freie Liebe ist ihr Credo frank.
Doch Eifersucht macht den Alfredo krank.
Zu spät bereuen er und Germont Vater alles.
Die Schwindsucht setzt den Schluß des Traviata-Falles.

GUISEPPE VERDI

Don Carlos

Daß Mutterliebe nicht gefahrlos, keiner
erfuhr's so bitter wie Don Carlos. Feiner
die Eboli Intrigen-Schlingen legt.
Doch nie mit schwarzen Finsterlingen schlägt
des Posa Herz. Er muß es mit dem Leben büßen,
dieweil sie Carlos hinter Gittern beben ließen.

Guiseppe Verdi

Aida

Aida muß am Nile leider neben
Amneris und noch manchem Neider leben.
Der Radames ist ihr Geliebter ganz,
doch auch ein Feldherr des Ägypterlands.
Der Tod, der keine Unterschiede macht,
begräbt sie in der Pyramide Schacht.

GUISEPPE VERDI

Othello

Man sieht Othello eifersüchtig rasen —
Beweis, daß Jagos Pfeile richtig saßen!
Zu spät kriegt er vom bösen Plane Wind.
Die Frau erdrosselt er, vom Wahne blind.
Zum Schluß, als er nichts mehr zu melden hat,
da setzt ein Dolchstoß unsern Helden matt.

Charles Gounod

Faust

Bist du so weit entfernt von Christo, Faust,
daß dir nicht mal vor dem Mephisto graust?
In Lieb und Leide litt dein Gretchen stumm;
den Kindesmord nahm man im Städtchen krumm.
Du sahst sie schmerzerfüllt im Kerker sterben.
Faust Zwo wird dein Gesicht noch stärker kerben.

BEDŘICH SMETANA

Die verkaufte Braut

Die Braut verkauft er, steht als Judas da!
Marie fleht Hans an: ,,Tatest du das, ja?''
Er schweigt verschmitzt. Es war nur eine List,
weil sie sein Goldschatz ganz alleine ist.
Die List gelingt, und frohe Tage nahn.
Das hat mit seinem Singen Smetana getan.

Jacques Offenbach

Hoffmanns Erzählungen

Dies die Stationen einer Dichterliebe:
Giulietta — Dirnen, Mordgelichter, Diebe.
Olympia und Antonia — triste Lieben,
wohin ihn immer die Gelüste trieben.
Auch Stella ging. Sie fand ihn einfach widerlich.
Doch nie von ihm die Muse seiner Lieder wich.

Georges Bizet

Carmen

Was nützt's José, daß er mit Carmen pennt,
wenn sie im Lieben kein Erbarmen kennt.
Tags dreht sie brav den Cigarillo — man
weiß doch, nachts läßt sie Escamillo ran.
Daß sie nicht fürder dem Torero lache,
übt mit dem Dolch der Caballero Rache.

Modest Petrowitsch Mussorgskij

Boris Godunow

Ein Mörder trägt die Zarenkrone, und
ihn plagen Ängste, dies nicht ohne Grund.
Der falsche Dmitrij naht, der Rache schwor,
und läßt ihn zittern wie im Wind das schwache Rohr.
Zar Boris, der einst so erstarkte, fiel.
Sein Baß zeigt noch beim Herzinfarkte Stil.

Pietro Mascagni

Cavalleria Rusticana

Turiddu, was du da mit Lola tust,
wird böse enden nach so toller Lust!
Santuzza, tief gekränkt, auf Rache sann —
und jetzt ging Alfio an die Sache ran.
Zu Ostern traf man sich im kahlen Wald.
Das Messer machte den Rivalen kalt.

Ruggiero Leoncavallo

Der Bajazzo

Selbst wenn das Schicksal dich zerriebe — lache,
Bajazzo! Doch nun wird aus Liebe Rache.
Bricht auch die Eifersucht das Herze schier,
du bist zum Spaße, bist zum Scherze hier!
Du mußt sogar beim Frau-Erdolchen singen!
Der Opernfan hat Freud an solchen Dingen.

Giacomo Puccini

La Bohème

Die Spannung fehlt, wenn man am Krimi mißt;
doch wie im Tod noch rührend Mimi grüßt,
wie alles süß nach Kantilenen drängt,
Puccini zärtlich unsre Tränen lenkt,
daß seine Seele sanft zu deiner klinge,
das zeigt den großen Meister kleiner Dinge.

Giacomo Puccini

Tosca

Kein Kitschfilm könnte das so schaurig dreh'n:
nach Foltern, Lieben endet's traurig-schön.
Tosca, die Schaueroper, heißt es wohl,
Puccini klingt ja oft, du weißt es, hohl.
Was soll's: die Welt sein Arien-Esperanto kennt
und scharenweis zu Toscas Volksbelcanto rennt.

Giacomo Puccini

Madame Butterfly

Was nützt dein zärtliches Geflatter bei
solch einem Windhund, schöne Butterfly?
Läßt dich mit einem Ami-Seemann ein
und glaubst, das könnt ein rechter Eh'mann sein?
Hast viel zu gut von dem Lustmolch gedacht —
und Harakiri mit dem Dolch gemacht.

GIACOMO PUCCINI

Das Mädchen aus dem goldenen Westen

Puccini, der ja nicht von gestern war,
schrieb einst den ersten Opern-Western gar.
Caruso lieh dem Helden seine Kehle —
hat denn ein Gangster etwa keine Seele?
Doch wer kann schon in solchen Kreisen wählen:
man muß in der Prärie selbst Opernweisen gröhlen.

Giacomo Puccini

Turandot

Es kommt nur, wer gut Rätsel raten kann,
an Turis Hand samt den Dukaten ran.
Kalaf rät gut. Doch ihren Wespenleib
versagt sie ihm — ist sie ein Lesbenweib?
Er küßt sie im Gefühlsgewühle keck,
so küßt er ihre Eiseskühle weg.

RICHARD STRAUSS

Salome

Noch war ihr Leben, so begann es, heil.
Da ward sie auf den Mann Johannes geil.
Er weist sie ab und macht aus Lieben Hassen.
Sein Haupt muß er den Henkerhieben lassen.
Sie küßt den blutgen Mund — wie grrrauenvoll.
Zu solcher Perversion führt Frauengroll.

Richard Strauss

Elektra

So schrecklich wirken die Traumata fort:
kann Muttermord denn sühnen Vatermord?
Orest, der Bruder, gleichfalls rachesüchtig,
kehrt heim und macht die blutge Sache richtig.
Und noch nicht endet der Atriden Not,
die Rachejagd der Eumeniden droht.

RICHARD STRAUSS

Der Rosenkavalier

Er mußt' sich vor der Fürstin Kosen retten,
jetzt liegt er bei Sophie in Rosenketten.
Als Freier freut sich Baron Ochs zu bald:
Totalblamage des derben Bocks — zu alt!
Wie kann doch Strauß in Walzertönen scherzen,
und dann, im Schlußduett, die schönen Terzen!

Karl Millöcker

Der Bettelstudent

Ein Schulterkuß, a Watsch'n, schlicht zu sagen —
ist's recht, den Oberst ins Gesicht zu schlagen?
Kein Wunder, daß er jetzt auf Rache sann.
Er ging auch richtig an die Sache ran.
Am End' sah man ihn doch im Sande liegen
und Liebe auch im Polenlande siegen.

Franz Lehár

Das Land des Lächelns

Prinz Chong ist ganz verrückt nach Wiener Küssen,
doch Lisa will nichts mehr von China wissen.
Sie merkt, daß zwischen ihnen Klüfte lagen.
Ihr Leid muß sie nun in die Lüfte klagen.
Er resigniert, da nichts mehr einen kann.
Doch wie's da drin aussieht, geht keinen an.

FREDERICK LOEWE

My fair Lady

Mag alles übers Cockney-Mädchen lachen —
aus ihr will Higgins ein Mylädchen machen!
Ein Star ward aus dem unbekannten Girl,
doch wütend auf den arroganten Kerl.
Professor Higgins nimmt gelassen Hiebe,
er weiß: es birgt ja soviel Hassen — Liebe.

Des Operngängers Fluch

Die Oper ist ein Narrenhaus!
Nur echte Narren harren aus,
wo alles nur am Singsang hängt,
bis sich der letzte Vorhang senkt.

Gebt mir doch, ihr Verzückten, Ruh!
Ich hör nicht mehr Verrückten zu!
Wo Götter kreischen, Recken schrei'n,
da geh ich nur mit Schrecken rein.

Bei Opern von der Verdi-Sorte,
da stör'n mich wieder sehr die Worte.
Mit Gift und Dolch und Racheschwüren
kann man nur Geistesschwache rühren.

Wen schert's, wie Violetta strandet —
wenn sie nur ihre Stretta landet!
Da lob ich mir den Mozart sehr:
heut trillert keiner so zart mehr.

Wenn man auch solch Genie nie sah,
im Witz ist ihm Rossini nah.
Doch wer kann Zwölftonlallen fassen!
Muß man sich das gefallenlassen?

Eh ich mich zu dem sauren Kitsch hock,
geh ich noch lieber zu Herrn Hitchcock,
mich dünken Krimi-Wirren echter.
Die Oper ist für Irrenwächter.

Lob der Musik

Wenn Polyhymnias Weisen leben,
dringt's mir ans Ohr vom leisen Weben,
möcht ich bei Nacht und Tage lauschen,
mit keinem meine Lage tauschen.
Da gibt's gewisse Mozart-Sachen,
die Virtuosen so zart machen,
daß Seufzer aus dem Kasten tönen —
was doch die starren Tasten können!
Der eine liebt den alten Meyerbeer,
und der die Puppenfee von Bayer mehr;
jedoch wer Freud' nur am Getändel hat,
der ahnt noch nichts von edler Händel-Tat!
Und wenn gar Bach die hehre Leier schlägt,
vor jede Seele sich der Schleier legt.
Noch lieber würd ich Weber hören —
wenn seine Texte von Weinheber wären.
Von Richard Wagners Heldenmären
hab ich Gewaltges melden hören.
Doch bin ich kein Walküren-Fan,
weil Krach mich nicht verführen kann.
Die so hysterisch vor sich hinbrüllt,
das ist gewiß die edle Brünnhild.
Zwei Zentner schweren Leibes wallt sie,
Stabreim und Brunst des Weibes lallt sie.

Wie ist die urig wilde Maid
von echter Frauenmilde weit!
Ich bleib bei ihren heilgen Brünsten kalt,
wie sehr sie auch mit Sangeskünsten prahlt.
Ob Fafner-Bass in Wurmgestalt,
ob Götterzorn mit Sturmgewalt —
mag Wotan auch erhaben röhren,
ich mag nicht mehr von seinen Raben hören,
ich hab genug von brüllenden Hünen,
von schimmernden Helmen und hüllenden Brünnen!
Verweht ist jeder Bühnenhauch,
seh ich so einen Hünenbauch.
Man hockt bei Wagner stundenweis
mit müdem Ohr und wundem Steiß.
Ist's Zufall, daß bisher die Welt
so Großes doch von Verdi hält?
Magst du auch seine süßen Terzen höhnen —
entscheidend bleibt, daß sie zu Herzen tönen!
Ihr findet auch Bellini seicht
und spottet des Rossini leicht —
das Volk, des Teller der Spaghetti ziert,
auch heute noch nach Donizetti giert!
Der Funk in Hütte und Palazzo jetzt
das Ohr mit Arien des Bajazzo letzt.

Jedoch was gut, selbst übern Brenner kam's:
auch in Italien lobt der Kenner Brahms.
Die Jugend freilich mag den Reger nicht,
sie liebt den Jazz, wenn's recht nach Neger riecht.
Auch schwärmt man jetzt für atonale Schulen.
Ich fürchte sehr, es sind nur schale Nullen!
Man liebt sie wohl im Ganzen nicht
und kriegt von Dissonanzen Gicht,
weil mit Zwölfton-Akkorden man
die stärksten Nerven morden kann.
Wenn's aus dem Dome selbst nur wirre klingt
und bei der Messe Tongeklirre winkt,
dann treibt der Dodekaphonisten Graus
die allerfrömmsten Christen 'naus!
Laßt sie mit wüster Töne Schwalle lärmen,
die Snobs verzückt von dem Gelalle schwärmen!
Wie bald klingt alles Modische doch leer.
Da gilt mir das Melodische doch mehr.
Wie sehr wir unter Zwölfton-Hieben leiden —
wir finden Trost bei unserm lieben Haydn.

Gruß aus Donaueschingen

Am Ort der Donauquelle fehlt
nichts, was die Trommelfelle quält.
Im Kirchlein singen Christen Bach,
im Saal vollführn Snobisten Krach.
Welch Jaulen, welch Gekratze, Schaben,
wenn sie im Zwölftonschatze graben!
Manch Musiker unmäßig litt.
Die Kritiker hör'n lässig mit.
Die Unerfahrenen ächzen sich an:
„Jetzt hör schon Nummer sechzehn ich an!
Zwar lieb ich Hindemithen sehr,
doch das sind keine Sitten mehr!
Mich grinst der nackte Irrenwahn
aus dieser Töne Wirren an."

Der geschüttelte Erlkönig

Wer reitet so spät dort bei der Linde? Kein
andrer, als Vater mit seinem Kindelein.
Er glaubt den Knaben fest und warm zu halten,
doch bald beginnt schon Angst und Harm zu walten.
,,Siehst, Vater, du die schönen Feen dort?''
,,Mein Sohn, laß doch die Schnapsideen fort!
Bleib ruhig und mach keinen Wind.
Wer wird denn auch gleich weinen, Kind!''
,,Komm mit mir, Knabe, du sollst es gut haben,
wie alle, die sich in meine Hut gaben!''
,,Mein Vater, mein Vater, hörst du den Erlkönig wohl?''
,,Mein Sohn, es saust der Wind ein wenig hohl.''
,,Jetzt hol ich dich — denn meine Triebe lenkt
die Macht, die mich zu Knabenliebe drängt!''
,,Mein Vater, er tut mir Gewalt, verloren
bin ich!'' Das Kind, es lallt verworren.
Der Vater reitet, so schnell er nur reiten kann,
läßt keine Geistertätlichkeiten ran,
erreicht den Hof, bedrückt von Sorgenmacht.
Das Kind ist tot. Es graut der Morgen sacht.

Gruß aus Mergentheim

Frühmorgens sieht man zu den Wandelhallen
die Creme aus Industrie und Handel wallen.
Sie trinken Quelle; denn mit Magenleiden
muß man die besten Rebenlagen meiden.
Doch nicht auf Quell' und milde Salben hoff',
wer täglich seine drei, vier Halben soff!
Damit der Kreislauf mäßig schnelle pulst,
elegisch sanft die Kurkapelle schnulzt.
Ich geh am Friedhof still die Gräber lang
und denk': die waren alle leberkrank.

Inhalt

7 Figaros Hochzeit
8 Don Giovanni
9 Die Zauberflöte
10 Fidelio
11 Der Freischütz
12 Wilhelm Tell
13 Wilhelm Tell
14 Lucia di Lammermoor
15 Hamlet
16 Der fliegende Holländer
19 Tannhäuser
21 Lohengrin
22 Tristan und Isolde
23 Die Meistersinger von Nürnberg
24 Das Rheingold
25 Die Walküre
26 Siegfried
28 Götterdämmerung
29 Parsifal
30 Rigoletto
31 Der Troubadour
32 La Traviata
33 Don Carlos
34 Aida
35 Othello

36 Faust
37 Die verkaufte Braut
38 Hoffmanns Erzählungen
39 Carmen
40 Boris Godunow
41 Cavalleria Rusticana
42 Der Bajazzo
43 La Bohème
44 Tosca
45 Madame Butterfly
46 Das Mädchen aus dem goldenen Westen
47 Turandot
48 Salome
49 Elektra
50 Der Rosenkavalier
51 Der Bettelstudent
52 Das Land des Lächelns
53 My fair Lady

ANHANG

54 Des Operngängers Fluch
56 Lob der Musik
59 Gruß aus Donaueschingen
60 Der geschüttelte Erlkönig
61 Gruß aus Mergentheim